안다옹 박사의 과학 탐험대

....
위 어린이를 탐험대원으로
임명합니다.

도미니크 윌리먼 글

영국 버밍엄대학교에서 양자 물리학 전공으로 박사 학위를 받았으며, 여러 해 동안 양자 컴퓨터 분야에서 일했습니다. 전 세계 18개국의 언어로 번역 출간된 〈안다옹 박사의 과학 탐험대〉 시리즈를 썼고, 유튜브 채널 '과학의 영역(Domain of Science)'을 운영하며 30만 명이 넘는 구독자를 과학의 세계로 이끌고 있습니다. 지금은 캐나다 밴쿠버에서 살고 있습니다.

벤 뉴먼 그림

영국 방송국 BBC와 미국 일간지 〈뉴욕 타임스〉를 비롯한 여러 매체에 그림 작업을 한 일러스트레이터입니다. 〈안다옹 박사의 과학 탐험대〉 시리즈에 그림을 그렸고, 그림책 《우우!》를 쓰고 그렸습니다. 지금은 영국 헤이스팅스에 살고 있습니다.

유윤한 옮김

이화여자대학교 과학 교육과를 졸업한 뒤 다양한 과학책을 우리말로 옮기거나 쓰고 있습니다. 옮긴 책으로 《과학의 위대한 순간들》, 《마빈의 인체 탐험》, 《수학이 구조 대사전》, 《생활에서 발견한 과학55》, 《카카오가 세상을 바꿨다고?》, 《외계인 사냥꾼을 위한 친절한 안내서》 들이 있고, 쓴 책으로 《궁금했어, 우주》가 있습니다. 유튜브 채널 '책 읽는 숲'에서 여러 책을 소개하고 있습니다.

안다옹 박사의 과학 탐험대 ②
타자! 우주 로켓

도미니크 윌리먼 글 ● 벤 뉴먼 그림 ● 유윤한 옮김

내 특별한 친구들, 닉 화이트와 로라 베케트에게.
—벤 뉴먼

생각곰곰 03
안다옹 박사의 과학 탐험대 ②
타자! 우주 로켓

글 도미니크 윌리먼 | 그림 벤 뉴먼 | 옮김 유윤한

초판 1쇄 발행 2019년 4월 18일 | 초판 4쇄 발행 2025년 7월 10일 | ISBN 979-11-5836-138-9, 979-11-5836-120-4(세트)
펴낸이 임선희 | 펴낸곳 ㈜책읽는곰 | 출판등록 제2017-000301호 | 주소 서울시 마포구 성지길 48 | 전화 02-332-2672~3
팩스 02-338-2672 | 홈페이지 www.bearbooks.co.kr | 전자우편 bear@bearbooks.co.kr | SNS Instagram@bearbooks_publishers
편집 우지영, 우진영, 이다정, 최아라, 박혜진, 김다예, 윤주영, 도아라, 홍은채 | 디자인 강효진, 김은지, 강연지, 윤금비
마케팅 정승호, 배현석, 김선아, 이서윤, 백경희, 김현정 | 경영관리 고성림, 이민종 | 저작권 민유리
협력업체 이피에스, 두성피앤엘, 월드페이퍼, 원방드라이브드, 해인문화사, 으뜸래핑, 문화유통북스

ⓒ Originally published in the English language as Professor Astro Cat's Space Rockets ⓒ Flying Eye Books 2018
Korean translation is published by Bear Books Inc. through JM Contents Agency Co., Seoul.
All rights reserved.

이 책의 한국어판 저작권은 JM 콘텐츠 에이전시를 통해 저작권자와 독점 계약한 ㈜책읽는곰에 있습니다.
이 책은 저작권법에 따라 보호받는 저작물이므로 무단 전재와 복제를 금합니다.
이 책 내용의 전부 또는 일부를 사용하시려면 반드시 저작권자와 출판사의 동의를 얻어야 합니다.

KC마크는 이 제품이 공통안전기준에 적합하였음을 의미합니다.
제조국 : 대한민국 | 사용 연령 : 3세 이상
책 모서리에 부딪히거나 종이에 베이지 않도록 주의해 주세요.

안다옹 박사의 과학 탐험대 ②

타자! 우주 로켓

도미니크 윌리먼 글 ❋ 벤 뉴먼 그림 ❋ 유윤한 옮김

우주로 떠나는 여행

우주에 대해 더 알아내려면, 별과 행성으로 **우주 비행사**나 **무인 우주 탐사선**을 보내야 해. 친구들도 가 보고 싶다고? 그럼 출발해 볼까?

어떻게 우주로 갈까?

우선은 지구를 떠나야겠지. 하지만 그냥 뜀뛰기 하듯 우주 공간으로 날아오를 수는 없어. **중력**이 너무 세기 때문이야.

중력은 지구가 사물을 끌어당기는 힘을 말해. 우리가 펄쩍 뛰어올랐다가도 곧 다시 떨어지는 건 중력 때문이지.

우주로 날아오르려면 특별한 탈것이 필요해.
지구의 엄청난 중력을 이겨 낼 수 있는
엄청난 힘을 가진 탈것 말이야.
그게 바로 우주 **로켓**이지.

로켓

로켓 엔진은 자동차 엔진과 비슷해. 훨씬 더 많은 연료를 태우고, 훨씬 더 많은 열을 낸다는 것만 빼고 말이야.

로켓 엔진은 연료를 태우면서 뜨거운 가스를 내보내. 이 가스는 아주 빠른 속도로 땅을 향해 뿜어져 나오면서, 로켓을 하늘로 밀어 올리지.

우주여행의 역사

1947년에는 처음으로 지구의 생명체가 우주로 나갔어.
아직은 우주여행이 사람에게 안전하지 않다고 판단해서,
사람 대신 초파리를 보냈지.

그 뒤로 과학자들은 다른 동물들을
우주로 보내기 시작했어.
처음으로 우주에 간 개 이름은 라이카,
원숭이 이름은 앨버트야.

1961년에는 러시아의 우주 비행사 유리 가가린이
사람으로는 처음으로 우주 비행에 성공했어.
가가린은 우주선을 타고 지구 둘레를 한 바퀴 돌았단다.

로켓의 발사 과정

1단 로켓은 아폴로 11호를 지구 밖으로 내보냈어.
그러다 연료가 바닥나자 우주선에서 떨어져 나갔지.

2단 로켓이 **점화**되면서,
아폴로 11호는 더 먼 우주로 나아갔어.
2단 로켓도 마찬가지로
연료를 다 태우고는 떨어져 나갔지.

3단 로켓은 아폴로 11호를
달 가까이로 데려다준 뒤 떨어져 나갔어.
그런 다음 **달 착륙선**을 내보냈단다.

아폴로 11호의 달 착륙

아폴로 11호의 우주 비행사들은
착륙선을 타고 달로 내려갔어.
달 착륙선은 스스로 움직이는 작은 우주선이야.

두 우주 비행사가 달에 내려가 있는 동안,
나머지 한 비행사는 아폴로 11호를 지켰어.
두 비행사는 과학자들이 달을 연구할 수 있도록 **암석** 표본을 모았지.

두 우주 비행사는 탐사를 마친 뒤,
달 착륙선에 달린 작은 로켓 엔진을 써서 우주로 나왔어.
그러고 아폴로 11호와 다시 만났지.

지구로 돌아오는 길

달 착륙선

아폴로 11호

세 우주 비행사가
아폴로 11호에 모두 모인 뒤,
달 착륙선이 떨어져 나갔어.

마침내 아폴로 11호에 달려 있던
마지막 로켓 엔진까지
쓸모를 다하고 떨어져 나갔어.

이제 아주 작은 부분,
그러니까 사령선만 남은 거야.

사령선은 엄청나게 뜨거워지면서
엄청나게 빠른 속도로 지구를 향해 왔어.
마침내 지구가 가까워지자,
낙하산을 펼쳐 무사히 바다에 착륙했단다.

우주 왕복선은 거대한 로켓을 써서 우주로 나가.
하지만 우주 왕복선이 발사되고 나면
로켓은 떨어져 나가고
자체 엔진만으로 움직이게 된단다.

우주 왕복선은 지구 둘레를 돌다가
비행기처럼 착륙할 수 있어.
게다가 몇 번이고 다시 쓸 수 있지.
발사할 때마다 로켓만 갈아 끼우면 되거든.

기억할 만한 우주 왕복선들

컬럼비아호는 우주로 나갔다가 지구로 되돌아온 첫 번째 우주 왕복선이야. 스물일곱 차례나 우주를 오가는 데 성공했지.

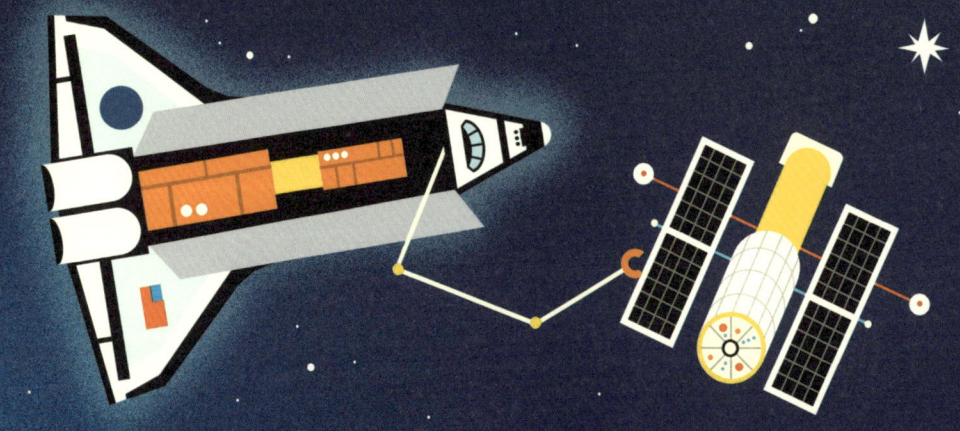

디스커버리호는 허블 망원경을 우주로 실어 날랐어.
그 덕분에 아주 먼 별과 행성을 관측한 사진도 받아 볼 수 있게 되었지.

챌린저호는 아홉 차례나 우주를 오갔단다.
미국의 첫 여성 우주 비행사 샐리 라이드와
첫 아프리카계 미국인 우주 비행사
기온 블루포드도 챌린저호를 타고 우주로 나갔어.

미래의 우주여행: 화성과 그 너머

우주 왕복선은 이제 더는 쓰이지 않아.
미국의 오리온호를 시작으로 여러 새로운 우주선이 개발되고 있거든.

오리온호는 **우주 발사 시스템**이라고 하는 더 새롭고 더 나은 로켓을 쓰게 될 거야. 우주 발사 시스템은 지금껏 우주로 나갔던 로켓 중에서 가장 강력한 로켓이 될 거란다.

모두를 위한 로켓

곧 누구나 우주선을 타고 여행을 떠나게 될 거야.
우주여행에 맞춤한 로켓을 만들려고
많은 과학자들이 애쓰고 있거든.
달이나 화성에서 여름 방학을 보낸다고 상상해 봐!

앞으로는 **우리 은하**의 다른 별로 여행을 떠나게 될지도 몰라.
지구와 비슷한 행성으로 이사하게 될지도 모르지.
우주 로켓이 우리를 데려다줄 테니까. 기다려, 탐험대원 친구들!
언젠가 너만의 로켓을 갖게 될 거야! 그때까지 계속해서 별을 바라보자고!

낱말 풀이

낙하산 사람이나 물건을 공중에서 땅으로 안전하게 내려보내는 데 쓰는 우산 모양의 기구.

달 착륙선 아폴로 우주선이 달 궤도에 머무르는 동안 우주 비행사를 싣고 달에 오갔던 작은 우주선.

로켓 압력이 높은 가스를 내뿜어 그 반동으로 나아가는 추진 장치 또는 그런 추진 장치를 단 비행체. 우주 공간처럼 공기가 없는 곳에서도 연료를 태워 가스를 만들어 낼 수 있다.

무인 우주 탐사선 여러 가지 관측 장치와 무선 장치를 싣고 다니며 우주의 다양한 자연 현상을 조사하는 우주선. 우주 비행사 없이 지구의 통제실과 자체 컴퓨터의 명령에 따라 움직인다.

사령선 우주선에서 우주 비행사가 머무르는 곳이자, 우주여행을 마치고 지구로 돌아오는 유일한 부분이다. 우주 비행사의 안전을 위해 열과 충격을 이겨 낼 수 있는 구조로 되어 있다.

암석 지구 같은 행성의 겉 부분을 이루는 단단한 물질.

우주 발사 시스템(SLS) 미국 항공 우주국(NASA)이 개발 중인 새로운 로켓. 지금껏 나온 어떤 로켓보다 강력한 추진력으로 더 많은 사람과 물자를 지구 밖으로 실어 나를 수 있다. 최초로 사람을 싣고 화성으로 갈 우주선 오리온호에도 이 로켓이 쓰일 예정이다.

우주 비행사 지구와 우주 사이를 오가며 여러 가지 과학 실험과 관측을 할 수 있도록 훈련받은 사람.

우주 왕복선 사람과 화물을 싣고 지구와 우주를 오가는 우주선. 한 번밖에 쓸 수 없던 기존의 우주선과 달리 몇 번이고 쓸 수 있다.

은하 수많은 별과 가스, 먼지가 모여 이루어진 거대한 천체. 우주에는 태양계가 속한 '우리 은하' 말고도 수많은 '외부 은하'가 있다.

점화 불을 붙이거나 켜는 것을 말한다.

중력 지구가 사물을 지구 중심으로 끌어당기는 힘. 우리가 우주 공간으로 날아가지 않고 지구 위에서 살 수 있는 것은 중력 덕분이다.